TÚ: SUCULENTO

Poesía erótica
Gulas y otras obsesiones

DENISSE POHLS

Mango

Quiero desnudarte de tu piel
lentamente,
tentarte, estás listo:
Mango maduro.
Arrancarte poco a poco la cáscara
aspirarte
abrir poco a poco tu olor:
la entrada a un mundo aparte.

Amarillo, lujurioso, gordo, tropical.
Cada bocado y su textura fibrosa
enciende colores, sorprende mi lengua.

Quiero conocerte primero paciente
luego voraz con los dientes
embarrado
suculento
llegar al hueso
y seguir lamiendo
hasta haber el fruto transformado
en pez, en dios en despojo en monstruo;
limpiar mi boca con el dorso de la mano
y luego, sí, darte al fin lo que quieres:
mi alma
dejar que entres por mis ojos
me poseas el pensamiento

Menú

que nades en mi materia oscura
y me devores
en esta doble eucaristía:
tú a mí y yo a ti, carne y sangre para ascender juntos
en el festín más antiguo
el primero,
el único infinito.

Salmón

Echado ahí,

tendido para mi placer visual,

tan desnudo.

Después de nadar contracorriente

agitado, impetuoso, centellas en los ojos

yace exquisito, extendido

tan sereno

en la espuma blanca.

Míralo ahí

contémplalo ahí

inmóvil, suculento

mientras la luz avanza

irresistible, le cambia,

lo dora, exquisito, el fuego.

Quiero deshacer su cuerpo en mis dedos,

lajas y capas de tejido placer;

deshacerlo en mi boca

descubrir sus texturas,

con mi lengua los bordes,

sinuosos,

sus dulzuras sedas.

Entra en mí, que se vuelva mi carne tu acuática odisea...

Pronto te comeré...

Salmón mío.

Ostras

A la manera de Hemingway comí ostras, doce ostras en su concha de roca. Filosas, cortaban la orilla de mi boca como la entrada a un ritual pagano. Preparaba cada una, preámbulo de gozo y expectativa, con limón y otros líquidos picantes sustanciosos y bebí cada de cada una un cáliz poderoso, marino, metálico y acaricié esa carne en su lecho de perla, carne húmeda y resplandeciente cuya textura suave y sexual embriagó mi lengua, tan hermana de estas suavidades delicadas de la intimidad. Sorbí sus jugos y la arranqué con mis dientes. Perdida en el olor de tus profundidades, bebí mi cerveza helada que se llevó en un instante frío todo pensamiento y el intenso calor. Mi piel hirviente sudaba y olvidada del mundo fui feliz. Los meseros me miraban sorprendidos por mi gozo, igual algunos comensales. Yo no podía dejar de sorber, succionar, lamer y masticar. Hasta que en la ostra número diez, empecé a sentirme mareada de hierro y de placer y el placer estaba tan a punto de terminar que no pude evitar sentir cierta nostalgia anticipada por el fin. Comer era un juego sensual de sabores, olores, texturas, visiones, recuerdos y deseos y pensé que los adultos no somos más que niños, que gustan de juegos más sofisticados, siempre hambrientos de más.

Lengua-filete-boa

Tu lengua es un filete
entre mis dientes
jugoso, crudo
carne viviente
animal marino.

La apreso, la sorbo, la acaricio
es tan suave, juega
se esconde, se entrega
se retuerce, se enrolla
y luego también me devora
me convierte en su presa
caí en su trampa
y ahora soy yo quien es
fagocitada por tu boca
toda yo en tu boca
y tú, una boa
engúlleme en tu abrazo
digiéreme por horas.

Café

Si despierto sin ti soy un zombi,
voy dando tumbos, en automático,
no sé ni quién soy.

Algo parecido a la esperanza se enciende cuando tu aroma
inunda la casa,
anticipo el placer de tu sabor, tu cuerpo, tu espuma
y cuando te doy el primer sorbo,
en el silencio de la hora oscura, justo antes del alba
enciendes mis neuronas, aceleras mis latidos
y es extraño, también siento calma
quisiera detener el tiempo y quedarnos en la cama
desaparecer, líquidos.

Tomo tu calor entre mis manos
te bebo despacio, a sorbos
y despejas, solar, la bruma
para que yo pueda salir al mundo, dilatada, plena
con la añoranza de beberte mañana otra vez.

Chocolate

Mi hombre de chocolate,
tu piel se funde al calor de mi lengua,
sedoso, dulce, amargo;
quisiera ser un pastel blanco y esponjoso para ti
para que vertieras encima tu cuerpo denso
tu ser oscuro, amado
y trastocar de gozo mi cerebro afortunado
con tus adictivas sustancias.

Te pienso en betún untable, lamible, embarrable
te pienso duro, en barra,
para llevarte a todas partes
y comerte a pedacitos o mordidas descaradas
en medio de la calle, a plena vista de los transeúntes
en el metro, en una tarde de lluvia, en un entierro,
(mira lo que me haces pensar).

Te pienso en versión líquida apachurrable
y sonrío licenciosamente, otra vez, enfrente de la gente
tan sólo imaginar tu maleabilidad,
las puertas secretas que en mí abres,
o la adicción que me provocas
porque dejas en mi boca
un sabor parecido a la felicidad.

Dieta de besos

Como tus besos,
tus besos golosinas,
son mi dieta exclusiva
y yo: caníbal.
Adicta a la dulzura
de tu labio inferior,
carnoso y tierno;
al sabor de tu saliva,
tus enzimas, deglución.
Alimento devorador, tus besos,
nutren, pero queman calorías,
me consumen en la dicha
y no engordo.

Melocotón

Me-lo-co-mo
me lo muerdo
me lo unto
me lo exprimo
me lo bebo
me lo pego
me lo subo
me lo bajo
me lo doy
me lo huelo
me lo pruebo
me lo sorbo
me lo tomo
me lo lamo
me lo quito
me lo pongo
me lo llevo
me lo guardo
me lo lleno
me lo toco
me lo gozo
me lo saco
me lo meto
me voy
mmm... Melocotón.

Azúcar

Te me deshaces en la lengua,
efímero y soluble,
pero CUÁNTO ME GUSTAS.

Sal

Eres la sal de mi mar
el sabor de mi carne
el escozor de mi herida
el cristal de mi perdición
la sazón de mi comida
el conservador de mi corazón.

Cebolla

Me haces llorar
cuando te corto en rebanadas
pero sin ti la sopa
sabe desalmada.

Aceituna

Locura es la curva de tu luna llena
la tersa laguna seda de tu piel redonda
que mi lengua recorre
con gustosa gula
viajar a la exquisita suavidad
de tus regiones escondidas,
degustar la dulce, salada, amarga aventura
de tus sabores
el decantado y vertido de tus líquidos salobres
tuya, atónita, muda
lamer, deshacer las costuras
desleír el cimiento del hueso en saliva
romper la jugosa ternura del fruto,
presionar la carne y extraer ahí
la untuosa sustancia de la vida
aceituna suntuosa
insaciable de ti
alimento que formas
los tejidos de la dicha.

Aceite

I

Tocar, apretar y exprimir hasta que tu cuerpo cede y libera una
gota de elíxir con el que unto mis labios...

II

Fríeme en tu calor hirviente

salta

quémame

dame sabor crujiente

aceite

más caliente por favor

cámbiame el color.

Déjame soltar la esencia de mi sabor
en la densidad líquida de tu ser.

Albahaca

Huele a tus bosques secretos
a sus tierras húmedas, su musgo
a ese cuello donde entierro el rostro
y a la tierra de tu cuerpo donde quiero enraizar y nacer flor.
Dejas tu olor flotando en la estancia y parece que me persigue
un espectro
unas manos invisibles e insaciables que ciernen mis caderas
con una fiebre verde predatoria, acechante, ineludible
tu olor un zarpazo cuya herida permanece en la memoria
en la piel, en las uñas, incluso a la distancia, casi puedo
probarte
no puedo despegarme de tu aroma
cubres el mundo de un bochorno pre tormenta,
y aguardo sudando el momento en que se partan los cielos con
un rayo
y te viertas al fin lluvia sobre mí, en mí, torrenciales los dos.

Spaghetti

Enredar los dedos en tus fideos,
la cara, perderme en ellos
que tapen la luz
como una espesa selva rizada
perder los modales
con un sorbido, amoroso ruido
desentrañar las marañas de la existencia
desatar los nudos de la inocencia
volverme a enredar en tus manías, tus aromas, tus delicias, tus
desastres;
volverte a amar
detestarte a veces
al dente, estás al dente, así como eres
absorberte,
en una respiración sin fin.

Pan

Decirte pan le dijo Antonio.

Y ella se sintió masa apretada por sus grandes manos, mezclada con su azúcar y su sal; doblada, extendida, golpeada, reposada y vuelta a amasar: suya. Él la hizo crecer con deseo, levadura invisible que hincha la vida. Suya, en un horno caliente, se supo recién nacida. Unas manos impacientes la tomaron, desafiando quemarse los dedos, labios, paladar y lengua para sentir el placer del migajón nuevo, el vapor de la masa transformada por el fuego, liberado por primera vez. Se escuchó a sí misma, corteza crujiente, cortada por los dientes incisivos del amado con el sonido mágico de lo que se destruye para dar vida. Se supo dispuesta a ser devorada para convertirse así en sangre, células, tejidos, lágrimas, mierda. neuronas...

Cómeme dijo Ashana.

Vino

Voy a escanciar el vino
en las cuencas amadas de tu cuerpo:
dejarlo oxigenar cuando resbale por tu pecho
y construya un sendero,
un río tinto
enriquecido con los nutrientes de tu piel
la sal evaporada por tus olas de calor
que lameré
oh cáliz nuevo
en el éxtasis del sabor.

Mezcal

Mezcal, mezcalito
escucha mi oración:
arde en mi pecho
lléname de amor.

Hazme olvidar el fuego
el fuego de otro amor
un amor imposible
que el fuego consumió.

Llévate las penas
llévate sus besos
llévate su olor
llévate el recuerdo.

Ay Mezcalito
Mezcalito de mi amor
elíxir de risa
elíxir de sol.

Te bebo despacio,
a sorbitos de sol
dame otro beso
Mezcalito mi amor.

Humo

Quiero ser el humo que sale de tu boca
rozando apenas tus labios
que me chupes y aspires
viajar contenido en tu flujo sanguíneo
calmarte las ansias
y a veces, sí, también, hacerte daño
dentro de ti, envenenarte lentamente con placer
y luego que me expulses
acariciado, moldeado por tus labios
surgido de tus labios
girar alrededor de ti,
robarte el olor
impregnarte del mío
enredado en volutas en tu cuerpo.
Tómame de nuevo.
Respírame...

Lástima, se acabó el cigarrillo...

Receta

Precaliente el horno.

Pele las cáscaras y tírelas lejos.

Apriete, unte, amase, bata, muela, doble, muerda, corte finamente, exprima, beba y lama.

Tome, meta, saque, quite, ponga, dé, reciba, remoje, pique, pellizque. Mezcle los ingredientes.

Viértase.

Hierva, fría, pruebe, agite constantemente, extienda sobre la mesa.

Reduzca la flama, cocine a fuego lento.

Sude, engrase, embarre, barnice, derrita, bañe, humedezca, pruebe otra vez.

Deje reposar la masa hasta que duplique su volumen.

Agregue sal y pimienta al gusto.

Alcance el estado de ebullición.

Hornee. Cruja. Explote.

Sirva caliente

Sacie, devore, sea devorado, entréguese a la gula, disfrute sin culpas.

Espere.

Repita el proceso cuantas veces sea necesario.

Pollo

Mi amor, abro el congelador
y ahí estamos los dos: pechugas de pollo
perdiendo la fibra y el color
el volumen y el sabor:
congelados
ahí guardados
para después
para quizás
para luego
tuviste miedo
no estabas listo para hacer
un guiso, un buen caldo.

Ya sé que el aceite hirviendo,
el fuego, queman
el exceso de sal arruina
el de picante mata...

Creí que entre los dos aprenderíamos de cocina...

Quería hacer contigo un festín
a fuego lento quizás
si es preciso
a vapor
a lo que sea/ fuera
pero un sí.

Quédate ahí en el reino insípido
de la cobardía
indoloro, incoloro
más parecido a lo inmóvil
lo muerto
lo quieto
que el tiempo degrada
al olvido, dominio de la nada
donde se pierde la identidad.

Yo saldré a descongelar mis pechugas
antes de que el frío me arruine
el corazón.

Pizza

He estado comiendo para olvidarte.
Empecé por una pizza con sus ocho rebanadas
La hazaña de la desmemoria parecía suficientemente fácil y
asequible,
pero círculos dentro del círculo de la pizza
con sus ojos pepperónicos inquisitivos
me preguntaron: ¿dónde estás?
¿Piensas en mí?

Decidí ignorarlos y comerme tus ojos-pepperonis,
y en un intento de apagar tu mirada incisiva
los recordatorios inútiles de nuestro amasado mutuo delicioso
o las recetas de cocina que inventamos con nuestras viandas
engullí dos rebanadas como animal.
Pensé que el olvido estaba en camino,
pero el queso y la masa conspiraron en mi contra.

La rebanada número tres, crujiente
trajo el recuerdo de la masa de tus labios
y de cuánto adoro morderlos o a tu oreja
y de cómo crujen con un ayyy placentero.

Sentí el calor de la cuarta rebanada
en mis manos

aún con rescoldos de su cocción al horno a altísimas
temperaturas
(así se sentían tus manos sobre mí)
me la puse sobre el corazón
y pensé en abrazar también la caja de cartón, ya un poco tibia,
pero habría sido demasiado.

Seguí comiendo un poco por rutina,
por mecánica (hay que ser persistente)
y la grasa del queso tras la quinta rebanada
decidió maliciosamente alojarse en un rinconcito de mis labios
y el consabido resabio de tus besos
me abofeteó con un tremendo pizzazo de nostalgia.

A la sexta rebanada me repetí:
¡El pepperoni es malo! ¡Es malo!
¡Volviste a caer en su trampa seductora!
Y descubrí que la auto recriminación tampoco quita el hambre,
ni ayuda al olvido.

A la séptima me dije que tu cuerpo era redondo
como la pizza que ya casi me devoro, por cierto,
y que no merecías toda mi salsa (¡tanta salsa!) marinara
encima
que soy demasiado salsa para tu masa absurda.

La octava y última rebanada la comí por orgullo maratónico,

sí, pero sobre todo por despecho ante la evidente inutilidad de
mis esfuerzos
por olvidar.

Vi con ternura y resignación las migajas en la caja,
las hormigas carnívoras locas de felicidad por un pedazo
abandonado de pepperoni que cayó al piso
(al menos alguien fue feliz con esta pizza),
decidí sacar la caja a la basura
antes de que los vecinos se dieran cuenta de mi arranque de
gula
y me consolé con la idea de un postre,
quizás algo frío e inocente
como una sandía
para escupir la tristeza con proyectiles de semillas
y quizás hacer sonreír a mi rebanado corazón
con la frescura fibrosa de las rebanadas acuosas, carnosas...ay
no
volvemos a empezar.

Mi droga particular

Por azar o maldición
tienes es sabor
que tanto me gusta y envicia.

Eres delicioso, prohibido
tan adictivo y nocivo:
mi droga particular.

El anzuelo de mi no aceptado masoquismo
y mis malos hábitos recalcitrantes.

¿Te probaré?
¿Conseguiré alejarme?
¿Caeré en tu maligno y dulce hechizo,
tu vértigo embriagante?

Por ti por fin entiendo
que el cielo y el infierno son lo mismo:

Placeres y deseos
diseñados a medida
para quemar y torturarme por toda la eternidad.

Hambre & Ayuno

Hay hambres que no
se sacian
con viandas

y ayunos que no
expían
la culpa.

Vamos a ver una película en mi casa (Netflix & Chill)

Ese "vamos a ver una película en mi casa"
es la excusa perfecta
disfrazada
para no decir:
ven a mi cama
déjame encuerarte
ver la transformación de tu cara
cuando ignoremos la trama
y nuestras lenguas hablen su lenguaje propio, sin palabras
y se quede el televisor prendido
mientras conocemos el piso, la alfombra y todas esas
perspectivas
tan interesantes cuando dos se revuelcan en el juego del
amor.

Y si no, no pasa nada.
Vemos la mentada película,
es algo inofensivo,
nos podemos sentar en el sofá,
somos amigos
fingiremos hablar del héroe, la heroína, sí, sí
qué interesante drama
aunque no haya apartado de ti ni un segundo la mirada
muerta de deseo
y sea obvio que no he puesto atención.

Cuando acabe la función, ¡qué bien!
Cada quien a su casa,
aquí nada pasó...

En mi corazón espero realmente
que no veamos la película.

Hábleme de usted

Hábleme de usted
para desearlo más con la distancia que existe
entre la segunda y la tercera persona del singular,
esa frontera invisible y al mismo tiempo, casi franqueable,
pero no.

Hábleme de usted
cuando hagamos el amor
y querré con más fuerza que usted siga inalcanzable
siempre un paso inalcanzable
para no ceder el emporio del deseo
a la monotonía acechante
y mantenerlo siempre nuevo, creciente, salvaje,
nunca del todo poseído,
Usted
nunca del todo poseído
sígame hablando al oído,
todos los días,
de Usted.

La camisa

También amo tu camisa de botones
esa que te pones para salir:
tiene todos tus olores y cuando la dejas,
en el respaldo de la silla,
yo la visto, me visto de ti:
entro en tu manga, rozas mi hombro y espalda
te deslizas en mis manos, abrazas mi cuello
te cierras sobre mis senos, los besas
te ciernes sobre mi talle
y desciendes, botón a botón
el camino de mi centro
acelerando mi respiración
aspiro tu sudor
acaricio los hilos de tu urdimbre
tu trama
el calor que emana tu cuerpo
me vistes el insomnio
las horas más frías
y yo espero impaciente
que la luz del alba abra tus ojos
para desnudarme de tu abrazo ficticio
entramado de hilos
y entregarme al tú real.

TOC

Despertar a tu lado
cada minuto del día a tu lado
deslizar los dedos por tu cuerpo plano
apretar los costados
hablarte, tan cerca de los labios
tu voz tan cerca de mi oído, susurrando...

No me dejes:
al comer, al mover, al dormir, al cagar.
Ven conmigo
No apartaré de ti la vista ni un segundo.
El resto no importa,
somos tú y yo contra el mundo
reímos a solas
nadie más comprende...
Vamos amor, juntos
amado...Celular.

Texto

Te amo por texto.
Te dejo por texto.
Íntimo texto.
Nos sedujimos a través de la pantalla.
Nos redujimos a la pantalla.
Sexo texto,   odio texto,   amor texto [...]
Otra vez amo el texto instantáneo.
Cuando el no decir de frente no hace daño,
es tan fácil cambiar de opinión
cuando no pesan las palabras,
los espacios más cerrados, más pequeños, menos texto.
Alienados de la carne,
del exterior
mientras tengamos WiFi.

Texto que no es cuerpo
voz, ni piel,
manías
o un incómodo silencio
texto retractado, visto, ignorado.
Texto inodoro
evasión eterno subterfugio,
un tacto teclado plano sin el volumen de tu mirada:
la idea a medias de ti,
que inevitablemente se vuelve la versión de ti,
mi amante digital.

Propiedades lúdico lúbricas
de la era digital

De un *texting* inocente:

—¿Cómo estás?

Fórmulas de cortesía y bla bla bla.

Escalamos al:

—Quiero verte

—¿Para qué?

—¿Quieres que te cuente?

—Por favor…

—Vamos a jugar al profesor. Usted es mi alumna en primera fila.

—Me pongo minifalda y le arruino la concentración. Si abro las piernas, ¿me pone diez, señor?

—Mejor usted es mi maestra y yo no pongo atención.

—Lo amarro al pupitre. Niño malcriado. Le doy una lección.

—Le muerdo el pezón.

—Muérdame la espalda.

—Siéntese aquí por favor, mire cómo me tiene.

—Encima. Ten. Abre. Come, por favor.

—Te voy a …

Y mi pantalla es negra

completamente negra

sin enchufes cerca, sin cables, ni cargador

mi batería está muerta

a mitad de la conversación.

Sostengo el aparato entre mis manos
intento hacer RCP
RE-SU-CI-TA-CIÓN
le ruego que despierte.

Pero tendré que esperar.
Le diré que fue adrede, un juego
que la espera es dichosa tortura
que me excita dejarlo en ascuas,
aunque mientras me muerda las uñas.

Le pediré que me mande una foto
una de esas fotos malísimas frente al espejo
y quizás por eso más cachonda, excitante, decadente, sucia,
fantasiosa, real, erótica, lúbrica
y quizás yo le mande una foto
una de esas fotos malísimas en el baño de la oficina en horario
laboral
y quizás precisamente por eso más cachonda, excitante,
decadente, sucia, fantasiosa, real, erótica, lúbrica.

Y esta conversación continuará...

El *sexting,* así como el envío y recepción de fotografías eróticas o
desnudos deben ser una actividad consensuada. Si no, es un delito.
Además, nadie tiene derecho a publicar o compartir tus conversaciones,
audios, textos o imágenes sin tu consentimiento. En México, la "Ley
Olimpia" ampara estos derechos y sanciona la violencia digital.

Hércules Farnesio

Pienso en el hombre que te esculpió con tantísimo amor:
Cuántos siglos te habrá observado,
cuánto quiso perderse en tu rostro barbado,
tomarlo en sus manos, besarte la nariz, los labios;
cuánto se perdió en tu piel, en tu aroma, obseso,
que grabó en la piedra eterna cada centímetro de tu cuerpo
la dulzura del semblante
los matices de tu frente
No pudo detenerse:
descendió a duplicar el portento de tus músculos sagrados
vivos, cual caballos, tus muslos poderosos de centauro
para galopar en ti a los confines de la existencia
perdido en la belleza de tus venas repletas,
quieren romper la piel,
sobresalen,
hirviendo con tu pulso vital,
y adornan el camino a los bajos de tu vientre
como flores sobre el pasto
preludio al misterio de tu sexo
tallado en su capullo
para adorar en secreto el misterio de la sangre
que lo hace crecer, enhiesto,
desafiando las leyes de la gravedad.

Parece, oh portento que pudieras echar a andar en cualquier
momento

que al duplicarte en la piedra el mármol cobró vida
que pudiera ser tocado por tus dedos en la roca viva
y diluir, en ellos, el tiempo.

Bajó por fin a labrar tus pies venerados
pasó ahí sus mejores años
y entendió que la obsesión sostiene
a la existencia misma
y así, entregado a la locura de la idolatría
más poderosa que el amor,
llevado por el sonido del cincel-mantra
inmortalizó al hombre en dios
jugó a ser dios
a hacer el deseo inmortal.

El fuego de Heráclito

Pasamos, carnes, por el fuego
y ya no somos los mismos,
aunque sea sólo un leve beso
el placer transforma:
de su cauce cambiante no hay regreso.

Los pies del bailarín

Oh sus pies
que lo llevan a saltar tan alto
estrellados de venas, gordas, suculentas
que quiero morder, acariciar, tan suaves, desgarrar y poseer,
lamer, beber.
Tan puros, tan vivos, tan salvajes, tan serpientes de agua,
escurridizos
son un manjar en la panadería y yo llevo siglos en la calle
hambrienta
él lo sabe
los mueve
para mi tortura y deleite
y es su mente la que juega conmigo
me da vueltas, me marea
se ofrece, lejos, cerca
suficiente para hacerme babear
sin morir de inanición
con sus malvadas piruetas
distancia, lejos, cerca,
me hacen suplicar por tan sólo una caricia
déjame tocarlos
no sabía que el suplicio podía ser también delicia,
¿cuándo se torcieron así las ramas del deseo en codicia?,
dobladas a sus pies,
a los que soy sumisa

esclava de su vuelo
y el suelo que pisan
sus huesos delineados, cada falange una vía precisa
para lamer, morder, apresar
y yo a sus pies, sobre sus pies, besando sus pies
dejo de ser yo para ascender por su cuerpo
me tiendo sobre el mantel de las sábanas
soy su festín
me ofrezco
me toma y bebe
me cede las riendas del placer
gozo hasta perder el yo
y es ese el secreto del deseo,
el sustento de la obsesión:
quiero más, siempre más
y él no se dará completo
una sed que no termina
una esclavitud elegida
en el umbral difuso de la locura y el control.

Barba

Quiero hundir mis manos en tu barba
bosque de sombra que anhelo,
que venero
perdida en sus texturas
alfombra de tus huesos.

Cómo aman mis dedos ese laberinto de espesura
que cubre tus cadenas de montañas
para devorar en secreto tu quijada
morder tu Manzana de Adán
cumbre idolatrada
al cobijo de tu verdor negro.

Cómo sufro cuando estás frente al espejo
duplicado
besado por la espuma
y la navaja pasa talando, fina y precisa
esos árboles amados
y siento también delicia
al oír el sonido de su paso
mi piel se eriza y anticipa
nuevos senderos abiertos, suavizados, ávidos
que besaré, piel recién nacida.

Quiero ser hoja de acero y tocarte tan cerca
y también quiero ser yo y que me raspes mañana al mediodía

cuando vuelvan a surgir tus barbas
y me raspen, como lija, las mejillas
y queden rojas, como bendecidas por el sol.

A veces no sé qué hacer con esta obsesión.
Tengo hambre, tengo siempre hambre de ti.
Cada parte de ti es un paraíso,
un archipiélago de islas infinitas
que recorro, navegante de ti, sin saciedad.

Vampiro-Caníbal

Quiero arrancarte la piel y lamer lo que tienes debajo,
hincar los dientes en tu arteria carótida
gorda y caliente
y sentir tu pulso líquido en mi boca
que me mates de placer con tus células rotas
convertidas en las mías:
tú, poseído para siempre.

Lady Drácula

Oh, qué maldición, Drácula amado,
que tu mordida me llevó tan lejos,
a una eternidad solitaria
a un despertar en que el sol se ha ido
y a una maldad que ahora habita en mi alma
adicta a succionar a otros
sin saciedad.

Condenada por ti y de ti para siempre,
las otras sangres me saben delgadas.
Me persiguen tu aleteo oscuro acechando tras la ventana,
tu sombra omnipresente,
tu olor pegado a mí como otra piel
para volverme loca lentamente.

Soy un insecto atraído sin remedio
a la luz de tu llama letal.

Serpiente

Enrédate en mi cuello
Oh, luminosa serpiente
hasta el final
asciende
aprieta fuerte hasta la asfixia
el dolor mece y me adormece en tu mirada
serpiente santa
aguanta
tu fuerza nos desata
tu luz nos duplica.
Nacimos cuando el todo era sombras
y el corazón, en la sombra última palpita.

Dioses y asesinos

Entramos en el otro,
somos el otro,
unidos cava-aorta
todo tú en mis tejidos,
embriagados
devorados
insaciables y ahítos.

Amantes damos saltos al vacío
empuñando el cuchillo y las magnolias.

Cortamos fino,
ahí, donde nadie más conoce
desgarramos, incisivos
sin perdón ni culpa
llenos de placer y flores.

Sólo quien ama
puede enterrar la daga en el punto preciso
o regresar del inframundo
con la llave de la eternidad.

Ojalá podamos soportarlo,
ojalá vivamos suficiente,
ojalá seamos fuertes
para beberlo todo

agotarlo todo
no sobrevivir
y quedar maltrechos, heridos, lisiados,
benditos, santos e inmolados,
ricos, fértiles, extasiados
ahítos y hambrientos
iluminados y locos,
dioses y asesinos.

BUEN PROVECHO